Förderspaß im Vorschulalter

Zählen und Kombinieren

Schweinchen Schnuff und seine Freunde

Fördertipps: Petra Brandt
Illustrationen: Monika Neubacher-Fesser

CHRISTOPHORUS

Das ist Schweinchen Schnuff. Es kommt gerade vom Einkaufen. Zähle nach, wie viele Dinge einer Art Schweinchen Schnuff jeweils mitgebracht hat. Achtung, einmal stimmt die Zahl nicht!

Hurra, die Schweinchen feiern ein Fest! Wie viele Luftballons hat jedes Schweinchen an der Schnur? Schreibe die richtige Zahl in das weiße Kästchen.

Schweinchen Schnuff kann ein tolles Kunststück: Mit seinem Ringelschwanz formt es die Zahlen von 1 bis 5. Schreibe die dicken schwarzen Zahlen nach, bis die Zeile voll ist.

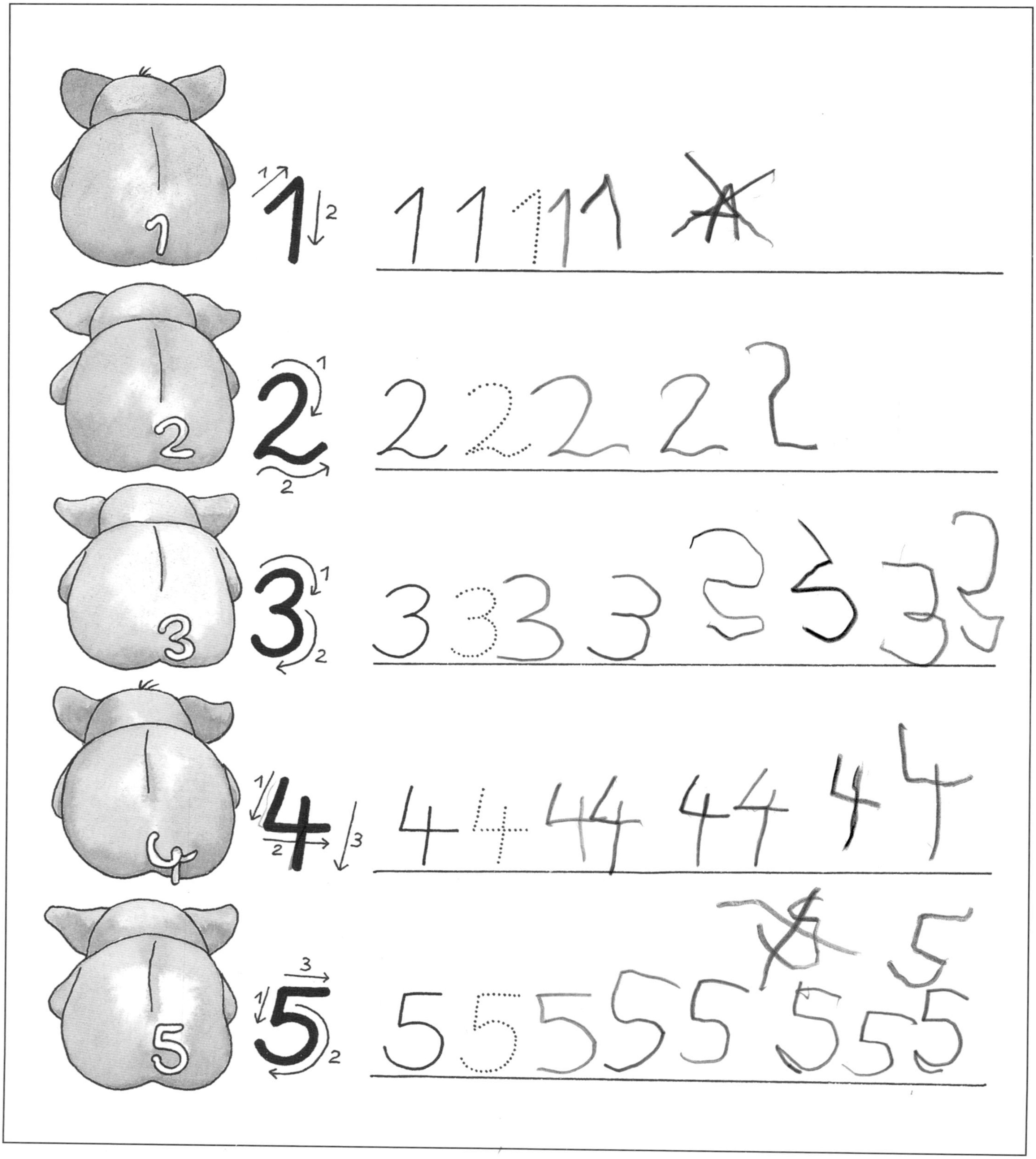

Nachts träumt Schweinchen Schnuff von lauter leckeren Sachen. Was soll es nur als Erstes essen? Am besten das, wovon am meisten da ist. Zähle alle Essenssachen und schreibe die jeweilige Zahl in die Kästchen.

Male die Flächen folgendermaßen aus: 1 = blau, 2 = gelb, 3 = grün, 4 = rosa, 5 = rot, 6 = grau.

Schweinchen Schnuff hat eine Blumenwiese gemalt. Jetzt wischt es eine Blume nach der anderen wieder aus. Wie viele Blumen hat es von der Tafel gewischt? Und wie viele Kreidestücke hat es weggeräumt?

Schweinchen Schnuff überlegt: Womit soll es heute spielen? Verbinde die Punkte in der richtigen Reihenfolge, dann kennst du seine Lieblingsspielsachen.

Oh, ein vierblättriges Kleeblatt! Aufgepasst, Schweinchen Schnuff darf nur auf die Steinplatten treten, auf denen eine 4 steht. Male diese Steinplatten aus, dann siehst du, wie es zu dem Kleeblatt gelangt.

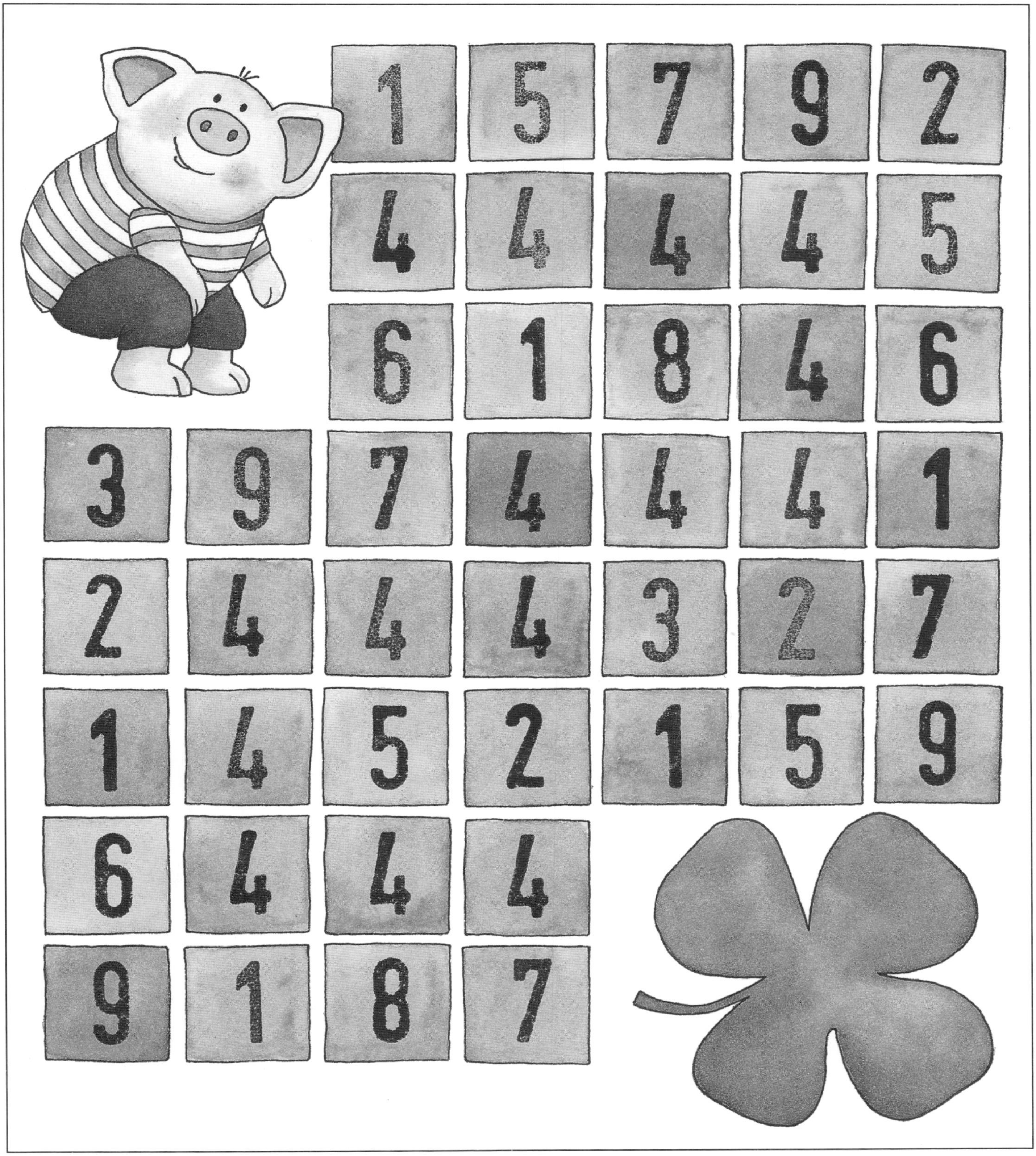

Wie viele Schleifen haben die Drachen an ihren langen Schwänzen?
Zähle nach und schreibe die richtige Zahl in den Kreis.

Schweinchen Schnuff will Lokomotiven basteln. Kannst du ihm sagen, wie viele Papierteile es von jeder Form bereits ausgeschnitten hat?

Wenn Schlangen sich ringeln, sehen sie manchmal wie Zahlen aus, stimmt's? Versuch die schwarzen Zahlen nachzumalen. Schreibe die Zeilen ganz voll!

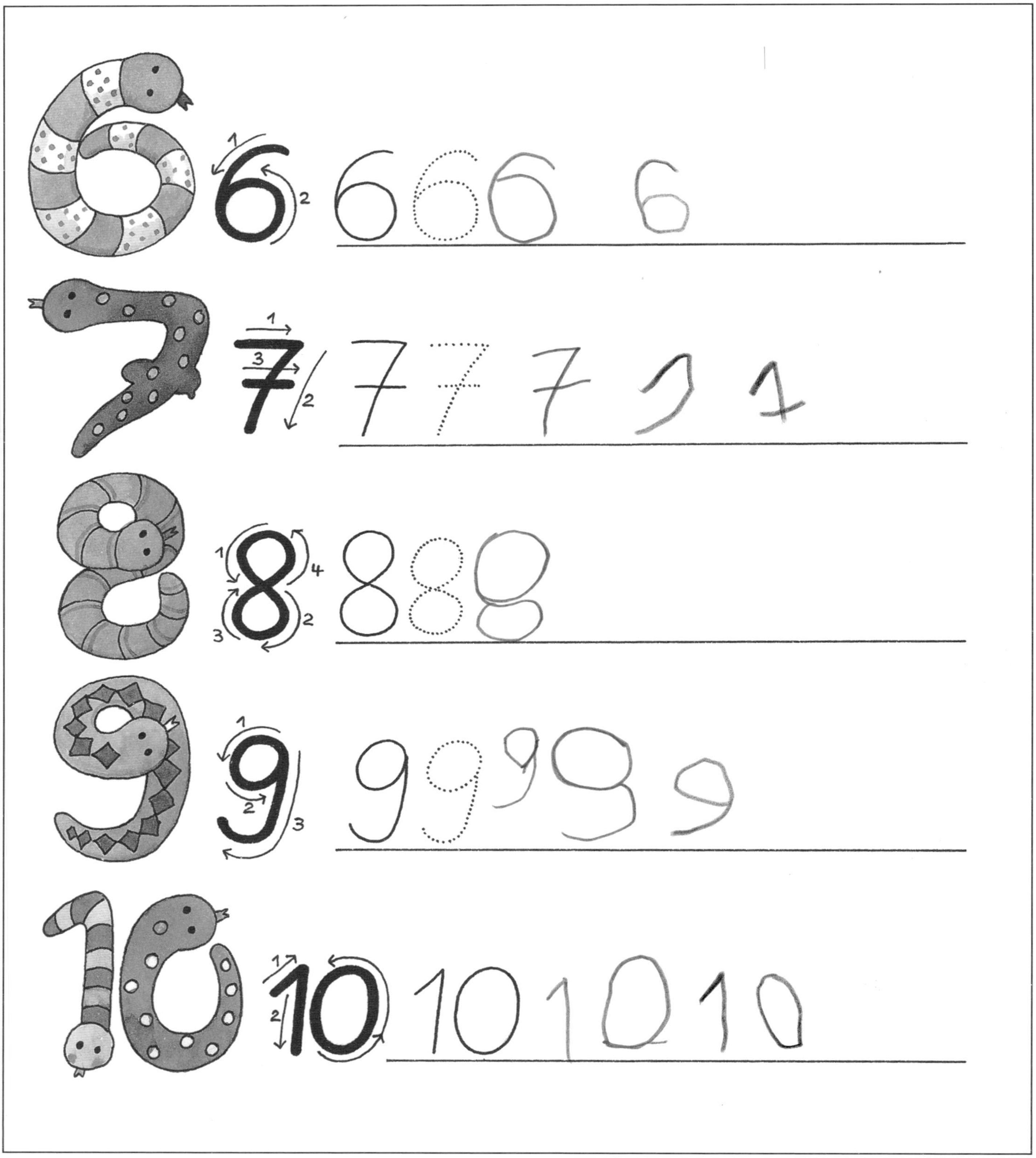

Kreise auf jedem Bild so viele Dinge ein, wie auf den Zahlenleisten angegeben ist. Wenn du Lust hast, kannst du die Bilder auch ausmalen.

In der Turnstunde spielen Schweinchen Schnuff und seine Freunde mit Bällen. Male in jeden Wagen so viele Bälle, wie die Zahl anzeigt.

Kannst du die Zahlen von 1 bis 10 schon in der richtigen Reihenfolge schreiben? Verfolge den Weg von jedem Stern zu seinem Kästchen und schreibe die jeweilige Zahl hinein.

Brr, ist das kalt – die Schweinchen brauchen etwas zum Anziehen:
4 Hemden, 4 Hosen ... Male in jeder Reihe 4 Kleidungsstücke aus.

Zähle die Würfelaugen und schreibe die richtige Zahl in das Kästchen.

Förderziele: Konzentrationsfähigkeit, Kombinationsvermögen, Intelligenz

Schweinchenknobeln

Dieses Spiel eignet sich für zwei oder drei Spieler. Malen Sie zunächst zusammen mit Ihrem Kind neun flache runde Steine schweinchenrosa an. Zeichnen Sie mit schwarzem Filzstift Augen und Schnauze auf und kleben sie Ohren aus rosa Filz an.

Diese Spielsteine werden in drei Reihen zu je drei Stück auf den Tisch gelegt. Die Spieler nehmen abwechselnd jeweils eine bestimmte Anzahl Schweinesteine weg, und zwar mindestens einen und höchstens drei. Wer das letzte Schwein wegnehmen muss, hat das Spiel verloren.

Dieses Spiel erfordert viel Aufmerksamkeit und Konzentration. Nach einigen Runden wird Ihr Kind strategisch vorgehen, überlegen, kombinieren und nichts mehr dem Zufall überlassen.

Förderziele: Zählen, Zahlen erkennen

1, 2, 3 – durchs Spinnennetz!

Für dieses Spiel braucht man fünf bis sechs Spieler – spielen Sie es mit Familienmitgliedern und Freunden der Kinder. Sie haben für jeden Mitspieler eine Karte angefertigt. Auf der einen Seite der Karte befindet sich eine Zahl von 1 bis 6, auf der Rückseite ist diese Zahl durch Würfelpunkte dargestellt. Außerdem benötigen Sie ein Wollknäuel.
Alle Spieler sitzen im Stuhlkreis. In der Mitte liegen die Karten mit der Zahl nach oben. Zunächst nimmt sich jeder Spieler eine Karte und versucht die Zahl darauf zu erkennen. Gelingt das nicht, darf er die Karte umdrehen und die Würfelaugen zählen. Nun kommt das Wollknäuel ins Spiel. Die Person mit der Karte 1 fängt an, indem sie die Person mit der 2 aufruft und ihr das Wollknäuel zuwirft oder -rollt, ohne das Fadenende aus der Hand zu lassen. Spieler 2 zieht den Faden straff und wirft das Knäuel zum Spieler mit der Karte 3. So geht es weiter bis zur 6 – ein Spinnennetz ist entstanden!

Nun kann das Wollknäuel wieder aufgewickelt werden, indem die 6 durch die Spinnenfäden zur 5 steigt, dabei den Faden aufwickelt, das Knäuel an die 5 weitergibt usw., bis der Faden ganz aufgerollt ist.

Ihr Kind lernt einige Zahlzeichen kennen, übt spielerisch vorwärts und rückwärts zu zählen und gewinnt Sicherheit im Umgang mit dem Zahlenraum bis 5 oder 6.

Förderziele: Differenzierungsvermögen, Zählen

Marshmallow-Schweine

Kaufen Sie eine Tüte große und eine Tüte kleine Marshmallows. Jetzt benötigt Ihr Kind nur noch ein paar Zahnstocher, dann kann es aus je 2 großen und 7 kleinen Marshmallows Schweine basteln. Lassen Sie Ihr Kind die nötigen Mengen jeweils selbst zusammenstellen, dabei übt es das Zählen.

Mit den lecker riechenden Schweinchen kann man herrlich spielen – bis sie schließlich im Mund landen.

Das Kind stellt selbständig etwas her, das stärkt das Selbstbewusstsein. Es unterscheidet große und kleine geometrische Körper und zählt bis 7.

Förderziele: Zählen, Feinmotorik, Ordnungssinn

Ketten oder Girlanden auffädeln

Sie benötigen verschiedene kleinteilige Nudelsorten, die sich auffädeln lassen (z.B. Sternchennudeln, Rigatoni), Tonpapier sowie Stroh- oder Plastikhalme. Mit der Schere schneidet Ihr Kind kleine Quadrate oder Kreise aus dem Tonpapier aus. Die Halme schneidet es in kleine, ungefähr gleich lange Stücke. Außerdem bekommt Ihr Kind eine Nadel, in die ein fester Faden eingefädelt ist. Mit diesen Utensilien lässt sich eine schöne Kette oder Girlande herstellen.

Ihr Kind fädelt vermutlich gerne eine Reihe nach eigenem Geschmack auf. Wenn es Lust dazu hat, können Sie auch Vorgaben machen, z.B.:

- Fädele immer zwei Teile von einer Sorte auf!
- Denk dir ein immer wiederkehrendes Muster für deine Kette aus, z.B. erst zwei Sternchennudeln, dann ein Quadrat aus Tonpapier, dann drei Strohhalmstückchen und noch ein Quadrat. Erst zwei Nudeln ...

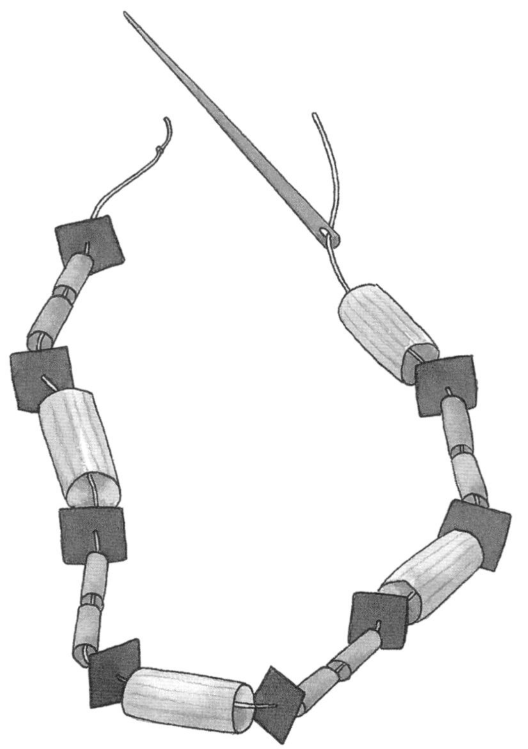

Ihr Kind übt sein feinmotorisches Geschick und seine Kreativität. Es lernt, Gesetzmäßigkeiten der Reihe wahrzunehmen, nach selbst gewählten Kriterien zu ordnen.

Förderziele: Zahlenverständnis, Feinmotorik

Zahlenspiele mit Pfeifenreinigern

Mit einer Packung Pfeifenreiniger kann sich Ihr Kind stundenlang beschäftigen. Nachdem es zunächst frei und selbständig experimentiert hat, regen Sie Ihr Kind an, aus den Pfeifenreinigern Zahlen zu formen. Hat es eine bestimmte Ziffer geformt, kann es zur Kontrolle die entsprechende Anzahl Pfeifenreiniger dazulegen. So beweist das Kind, dass es nicht nur das Aussehen der Zahl kennt, sondern auch eine Mengenvorstellung hat.

Um die Zahl zu bestimmen, die Ihr Kind formen soll, können Sie es auch würfeln lassen – das unterstreicht den spielerischen Charakter. Und es macht auch gar nichts, wenn drei Sechsen hintereinander gewürfelt werden: Der Übungseffekt ist umso größer.

Das Kind gewinnt immer mehr Sicherheit im Umgang mit Zahlen. Es weiß nicht nur, wie die Ziffern von 1 bis 6 aussehen, sondern entwickelt auch einen Summenbegriff.

Förderziele: Konzentration, Geduld

Das selbst gemachte Puzzlespiel

Ihr Kind darf sich eine alte Postkarte aussuchen, die ihm besonders gut gefällt. Diese Karte zerschneidet es in 4 bis 12 Stücke, das sind die Puzzleteile. Falls *Sie* die Karte zerschneiden, können Sie dazu auch einen Cutter verwenden, dann werden die Schnitte ganz akkurat. Ihr Kind arbeitet besser mit einer Schere.

Je nach Entwicklungsstand Ihres Kindes können Sie auch mehrere Karten in wenige Teile zerschneiden, die es dann gleichzeitig wieder zusammenlegt.

Puzzeln erfordert ein hohes Maß an Konzentration und sensibilisiert die Formwahrnehmung. Das Kind muss genau hinschauen und sein Kombinationsvermögen einsetzen, um die Puzzleteile an die richtige Stelle zu legen.

Förderziele:
Kreativität, Ordnungssinn, Kombinationsvermögen

Malen mit Schreibmaschine oder PC

Mit den Buchstaben und Zahlen einer Schreibmaschine lassen sich wunderschöne Grafiken erstellen. Lassen Sie Ihrem Kind dabei freie Hand. Geben Sie vielleicht nur einen Impuls, damit es weiß, in welche Richtung sich das Spiel entwickeln kann.

```
               0000000
              00
             0
            88
        333333333333333333
       33333333333333333333
      3333333333333333333333
     333333333333333333333333
    33333333333333333333333333
    1                        1
    1  111111     1111111    1
    1  1    1     1     1    1
    1  1    1     1     1    1
    1  111111     1     1    1
    1             1     1    1
777777777777777777777777777777777777777777
```

Das Spiel regt die Phantasie Ihres Kindes an. Dadurch, dass es verschiedene Zahlen oder Buchstaben zu einem Bild kombiniert, erstellt es ein eigenes Ordnungssystem.